Christine Adrian · Gerda Muller

Das Meerschweinchen

Ein Bilderbuch aus der Reihe

Kinder erleben Tiere

Dieses Buch gehört:

____

____

Das Meerschweinchen

Erzählt von Christine Adrian
Mit Bildern von Gerda Muller

Otto Maier Ravensburg

Anja und ihr Meerschweinchen Gretel sind seit einigen Monaten die besten Freunde. Anja gibt dem Tier jeden Tag frisches Wasser und Futter. Sie sorgt für Sauberkeit und Leckerbissen. Und sie vertreibt ihm die Langeweile. Denn Gretel hat ja sonst keinen Gefährten. Heute hat

Anja einen Irrgarten aufgebaut. Am Ausgang winkt als Belohnung eine Möhre. Anja prüft mit der Stoppuhr, wie lange Gretel braucht, um die Möhre zu finden. Zuerst waren es zwei Minuten. Dann jedesmal weniger. Das Spiel macht beiden Spaß.

Am nächsten Tag ruft Anjas Freund Rolf an.
„Kannst du über das Wochenende
mein Meerschweinchen nehmen?“ fragt er.
„Ich mache mit meinen Eltern eine Wanderung.“
Anja meint: „Fein. Mein Weibchen wird sich
über die Gesellschaft freuen. Bring deines nur her.“
Kurz darauf setzt Rolf sein Rosetten-Meerschweinchen
Rosi zu Gretel in den Käfig.
Die Kinder schauen gespannt zu,
ob die Tiere sich vertragen.

Gretel ist gegen das fremde Meerschweinchen zunächst mißtrauisch.
Sie macht sich möglichst groß, um zu zeigen, daß ihr der Käfig gehört. Dann beschnuppern sich Gretel und Rosi. Dabei merken die Tiere, was die

Kinder nicht wissen: Rosi ist ein Männchen. Deshalb beginnt „Rosi“ sofort, zärtlich an Gretels Körper entlangzustreichen. Jetzt sind die Kinder beruhigt: Die Tiere verstehen sich.
Ohne zu ahnen, was kommen wird, gehen sie weg.

Voller Vorfreude packt Rolf seinen Rucksack.
Anja sitzt mit ihren Eltern beim Mittagessen.
Sie erzählt freudestrahlend,
wie sehr die beiden Meerschweinchen sich mögen.
Niemand merkt, daß Gretel und „Rosi“
sich gerade paaren.

Das Wochenende ist vorbei.
Rolf kommt mit einem Körbchen,
um sein Meerschweinchen abzuholen.
Er bedankt sich und sagt:
„Wenn du einmal verreisen willst,
kannst du deine Gretel zu mir bringen.

Ich nehme sie gern."
Als Rolf weg ist, nimmt Anja Gretel
aus dem Käfig und tröstet sie:
„Schade, daß du wieder allein bist,
aber jetzt spielen eben wir miteinander."

Einige Wochen später.
Anja schaut ihre Gretel jetzt immer wieder genau an.
Sie wundert sich, wie dick sie wird. Ob sie krank ist?
Dabei hat sie Gretel doch genauso gefüttert wie früher.
Sie fragt die Eltern.
Die wissen gleich, was los ist. „Ach du meine Güte“,
sagt der Vater, „deine Gretel bekommt ja Junge!
Mir scheint, die „Rosi“ von Rolf ist ein Männchen.“
Und es dauert nicht lange, bis Anja sieht,
daß die Eltern recht haben.

Wenige Tage später entdeckt Anja das erste Junge
in Gretels Käfig. Schnell holt sie Rolf.
Ihr Freund soll die Geburt der kleinen Meerschweinchen
auch miterleben.
Anjas Mutter erklärt den Kindern, was passiert:
Jedes Junge wird in einer dünnen Haut geboren,
die Gretel sofort mit den Zähnen zerreißt.

Sie leckt dem Kleinen Augen, Nase und Mäulchen sauber. So kann es frei atmen und sehen. Schließlich putzt sie noch das Fellchen, bis sie sich mit dem nächsten Jungen beschäftigen muß. Rolf und Anja sind entzückt.
„Die können ja schon sehen und laufen, und putzen tun sie sich auch schon! Oh, wie niedlich."

Ganz behutsam werden die Meerschweinchen-Kinder auf eine Briefwaage gesetzt. Jedes wiegt um die 85 Gramm. Also kein Wunder, daß Gretel vor der Geburt so dick war! Jetzt ist sie wieder fast so schlank wie früher, obwohl sie für zwei frißt. Ihre ganze Kraft geht in die Milch, die die Jungen gierig trinken. Zwar mümmeln sie auch schon etwas Heu und anderes weiches Futter. Doch brauchen sie die Muttermilch dringend, um gut zu gedeihen. Allerdings können immer nur zwei Junge auf einmal trinken. Die Mutter hat nur zwei Zitzen. Um die gibt es jedoch nie Streit. Ganz friedlich wechseln sich die Kleinen beim Trinken ab.

Rolf und Anja können gar nicht genug bekommen,
ihre kleinen Meerschweinchen zu beobachten.
Sie würden sie lieber in die Hand nehmen,
aber sie fürchten, die zarten Tiere zu verletzen.
So schauen sie eben stundenlang zu:
Wie die Kleinen sich kratzen und putzen.
Wie sie dicht zusammengedrängt schlafen.
Wie sie sich danach strecken und herzhaft gähnen.

Die Kinder finden, daß die neugeborenen Tiere
alles ganz genauso machen wie die Alten.
Fast alles.
Denn wenn ein Junges sich verlassen fühlt,
quietscht es durchdringend laut.
Dann eilt die Mutter herbei. Sie beruhigt ihr Kind
mit leise murmelnden Tönen und leckt sein Gesicht:
Ich bin ja wieder bei dir, heißt das.

Die kleinen Meerschweinchen wachsen sehr schnell.
Sie werden kräftig und wild.
Sie brauchen Platz zum Spielen.
Also bauen ihnen Anja und Rolf einen Spielplatz
auf dem Fußboden auf.

Hier können sich die Jungen wenigstens einmal am Tag austoben.
Sie klettern und forschen. Sie sausen herum.
Nur miteinander balgen tun sie nicht.
In dieser Zeit hat Gretel endlich ein bißchen Ruhe.

Fünf Wochen sind seit der Geburt vergangen.
Gretels Käfig ist für die Meerschweinchen-Familie zu eng geworden.
Und Anja muß den Käfig jeden Tag putzen, weil soviele Tiere auch viel Dreck machen.
Das macht langsam keinen Spaß mehr. Vor allem, weil die Jungen aus dem Käfig springen, sobald er offen ist.

Schweren Herzens sehen die Kinder ein,
daß sie die Jungtiere nun weggeben müssen.
Aber wohin?
Anjas Mutter hat eine Idee:
„Warum nicht in die Zoohandlung bringen?
Dort haben wir Gretel auch gekauft.“

Doch als die Kinder mit ihren Tieren zum Händler kommen, schüttelt der den Kopf.
„Leider kann ich sie nicht nehmen,“ sagt er,
„ich habe gerade eine Lieferung

Meerschweinchen bekommen. Ihr seht ja selbst."
Auf dem Heimweg meint Rolf:
„Ich weiß was.
Am nächsten Sonntag ist doch Flohmarkt!"

So sitzen die Kinder nun mit ihren Tieren zwischen all den anderen Verkaufsständen. Vorher haben sie von einem Tierarzt die Männchen und Weibchen bestimmen lassen. Sie wollen nicht, daß den neuen Meerschweinchenbesitzern dasselbe passiert wie ihnen. Die ersten drei Tiere sind bald verkauft. Nur das vierte

Junge bleibt bis zum späten Nachmittag. Schließlich verschenken es die Kinder. Müde und traurig gehen sie nach Hause. Anja meint schließlich:
„Aber schön war es doch mit unseren Wuscheltieren. Trotzdem: bring das nächste Mal dein Meerschweinchen lieber im Käfig zu mir.“

Was du über das Meerschweinchen wissen solltest

Meerschweinchen gehören zu den Tieren, die für Kinder sehr geeignet sind. Denn sie kratzen nicht und beißen nicht.
Sie sind leicht zu pflegen und werden rasch zahm. Aber: Die Tiere leben leicht zehn Jahre und bei den meisten Kindern hält die Begeisterung für Meerschweinchen nicht so lange an. Außerdem sind sie fast genauso vermehrungsfreudig wie Kaninchen. Und die wenigsten Zoohändler nehmen überhaupt Meerschweinchen aus einer Hobbyzucht.

Wer nicht soviel Zeit wie Anja für ein Meerschweinchen hat, sollte lieber zwei Tiere nehmen. Zwei Weibchen, denn zwei Männchen vertragen sich auf Dauer nicht.

Die Unterscheidung der Geschlechter ist bei Jungtieren allerdings nicht ganz einfach und sollte von einem Tierarzt bestätigt werden.

Rolf und Anja bemerken sofort, daß Meerschweinchen-Kinder bei der Geburt viel fertiger sind als die Jungen von Katzen, Mäusen, Kaninchen u. a. Im Gegensatz zu diesen „Nesthockern“ sind Meerschweinchen „Nestflüchter“ wie Gänse und Hühner. Diese Besonderheit haben

die wilden Meerschweinchen in ihrer Heimat Südamerika entwikkelt. Da die Tiere dort keine Höhlen bewohnen, müssen die Jungen vom ersten Augenblick an fähig sein, vor den zahlreichen Feinden zu fliehen. Trotzdem überleben nur wenige diese ständige Jagd. Daher auch die große Zahl von Nachkommen, denn nur so kann sich die Art in freier Wildbahn erhalten.

Was man in einem Bilderbuch leider nicht zeigen kann, ist die sehr ausdrucksstarke Sprache der Meerschweinchen. Vom lauten Quietschen bis zu leisem Murmeln haben die Tiere viele Möglichkeiten, ihre Gefühle und Wünsche deutlich zu machen. Es lohnt für Kinder und Eltern, sich in die Meerschweinchen-Sprache „einzuhören“. Nur dann kann man das erreichen, was ja immer das oberste Ziel der Tierhaltung sein sollte. Das Spiel- und Schmusetier nicht nur für die eigenen Bedürfnisse zu benutzen, sondern das Tier wirklich zu verstehen.

Kinder erleben Tiere

Kinder erleben Tiere ist eine Reihe von informativen Bilderbüchern, die Kindern ab 4 Jahren erstes Wissen vermitteln will. Sie schildert Erlebnisse mit heimischen Tieren und fördert so die natürliche Aufgeschlossenheit für die Natur.

Muller
Ein Halsband für Karamel
Adrian / Kunstreich
Muck, das Eichhörnchen
Adrian / Schmidt
Mulle und ihre Kinder
Adrian / Muller
Piek, das Igelkind
Adrian / Kunstreich
Ein Nest im Schilf
Adrian / H. Muller
Auf dem Ponyhof
Adrian / Heinsohn
Das Rehkitz
Adrian / Schmitt
Der geschenkte Hase
Adrian / Kunstreich
Das Robbenkind
Adrian / Rübel
Der Wellensittich

CIP-Titelaufnahme der Deutschen Bibliothek

Das Meerschweinchen:
ein Bilderbuch / erzählt von Christine Adrian.
Mit Bildern von Gerda Muller. –
Ravensburg: Maier, 1990
(Kinder erleben Tiere)
ISBN 3-473-33883-4

4 3 2 1 94 93 92 91

Printed in Italy
ISBN 3-473-33883-4